Libro guía para principiantes sobre el negocio de los camiones de comida

Cómo empezar, financiar, planificar y obtener equipos y suministros al por mayor

por Brian Mahoney

Índice

Introducción

Parte 1 Visión general del negocio de los Food Trucks

Parte 2 Grandes razones para montar un negocio de food trucks

Parte 3 Cómo identificar el mercado objetivo de su camión de comida

Parte 4 Cómo crear el menú de tu food truck

Parte 5 Estrategia de precios para el negocio de camiones de comida

Parte 6 Selección de la ubicación para su negocio de camiones de comida

Parte 7 Permisos y licencias para negocios de camiones de comida

Parte 8 Normativa sobre salud y seguridad de los camiones de comida

Parte 9 Elegir su camión o remolque de comida

Índice

Parte 10 Equipo y suministros para su negocio de camiones de comida

Parte 11 Sitios web de Food Trucks para equipos y suministros

Parte 12 Food Truck Business Plan de Marketing

Parte 13 Financiación y fondos para su negocio de camiones de comida

Parte 14 Food Truck Business Crédito

Parte 15 Cómo hacer frente a la competencia y otros retos para su negocio de camiones de comida

Parte 16 Recursos para empresas de camiones de comida

Glosario de términos

Conclusión

Descargo de responsabilidad

La información proporcionada en Food Truck Business Guide Book for Beginners: Cómo Empezar, Financiar, Planificar y Obtener Equipos y Suministros al por Mayor es sólo para fines informativos y educativos. Aunque se ha hecho todo lo posible para garantizar la exactitud y fiabilidad del contenido, este libro no sustituye el asesoramiento profesional. Se recomienda a los lectores consultar con profesionales legales, financieros y de negocios antes de tomar cualquier decisión relacionada con el inicio o la operación de un negocio de camiones de comida.

El autor y el editor no garantizan los resultados ni el éxito de la aplicación de la información proporcionada. Iniciar un negocio implica riesgos, y los resultados individuales variarán en función de factores como la ubicación, las condiciones del mercado y el esfuerzo personal. El autor y el editor declinan toda responsabilidad por pérdidas, daños o lesiones derivados del uso de la información contenida en este libro.

Al leer este libro, acepta asumir plena responsabilidad por sus decisiones y acciones. Asegúrese de cumplir todas las normativas locales, estatales y federales aplicables a su negocio.

Deja que esta guía te sirva de inspiración e información para tu viaje empresarial, pero recuerda que tu éxito depende de tu determinación, preparación y capacidad de adaptación.

Introducción

Es hora de acabar con las preocupaciones económicas.

Bienvenido a...

Libro guía para principiantes sobre el negocio de los camiones de comida
Cómo empezar, financiar, planificar y obtener equipos y suministros al por mayor

por Brian Mahoney

Imagínese que usted puede tener el conocimiento que desea, para iniciar su negocio y vivir el Hassle Free All-American Estilo de vida de la independencia, la prosperidad y la paz de la mente.

Emociónate porque hoy estás a punto de descubrir...

Por qué ahora es un buen momento para poner en marcha su negocio de food trucks

Cómo encontrar su mercado objetivo

Cómo crear el menú de su food truck

¿Cuál es la mejor estrategia de precios para su empresa?

Cómo seleccionar su ubicación o ubicaciones

Cómo encontrar precios al por mayor en equipos y suministros

Cómo elegir el mejor food truck para tu negocio y conseguirlo a precios de mayorista

Cómo afrontar la competencia

Cómo evitar los trámites burocráticos y obtener permisos y licencias

Cómo constituir una SRL y proteger su empresa

Cómo obtener subvenciones del Gobierno y conseguir hasta 5 millones de dólares de la SBA

¡Cómo reparar el crédito, aumentar su puntuación de crédito, y obtener dinero masivo en el crédito de negocios!

Cómo llegar GRATIS a mil millones de clientes

Tienes derecho a recuperar la cultura del "sí se puede" en tu vida. Es hora de disfrutar de la seguridad financiera que tú y tu familia merecéis... La gente se destruye por falta de conocimiento... Así que aproveche este conocimiento y empecemos hoy mismo, ¡haciendo del resto de su vida, lo Mejor de su vida!

PARTE 1
Negocio de camiones de comida
Visión general

La industria de los food trucks es un sector dinámico y de rápido crecimiento dentro de la industria de la alimentación y las bebidas. He aquí una visión general de este negocio:

Crecimiento del mercado: El sector de los food trucks ha experimentado un crecimiento significativo en los últimos años, impulsado por factores como las cambiantes preferencias de los consumidores por experiencias gastronómicas cómodas y únicas, así como los menores costes generales en comparación con los restaurantes tradicionales de ladrillo y mortero.

Cocina variada: Los camiones de comida ofrecen una amplia gama de cocinas, desde hamburguesas gourmet y tacos hasta platos étnicos como la cocina tailandesa, mexicana y mediterránea. Esta diversidad atrae a un público amplio y permite experimentar con sabores y conceptos diferentes.

Movilidad y flexibilidad: Una de las principales ventajas de los camiones de comida es su movilidad. Pueden desplazarse a diferentes lugares en función de la demanda, atendiendo eventos, festivales, parques de oficinas y barrios. Esta flexibilidad permite a los propietarios de food trucks llegar a una base de clientes más amplia.

Menores costes de puesta en marcha: En comparación con la apertura de un restaurante tradicional, la puesta en marcha de un negocio de camiones de comida suele requerir una inversión inicial y unos costes operativos más bajos. Esto hace que sea una opción atractiva para los aspirantes a empresarios que buscan entrar en la industria alimentaria con recursos limitados.

Innovación y creatividad: Los camiones de comida a menudo innovan con sus ofertas de menú, incorporando tendencias como opciones basadas en plantas, cocina de fusión y combinaciones de sabores únicas. Esta creatividad les ayuda a destacar en un mercado competitivo y a atraer a clientes fieles.

Desafíos: A pesar de su popularidad, el sector de los camiones de comida también se enfrenta a retos como las trabas normativas, la competencia por las ubicaciones privilegiadas, los cambios de estación y la necesidad de una gestión eficaz de la logística y las operaciones.

En general, el sector de los camiones de comida ofrece a los empresarios una oportunidad apasionante de mostrar sus habilidades culinarias, conectar con los clientes en un entorno más informal y contribuir a la vibrante cultura gastronómica de las comunidades.

PARTE 2
Grandes razones para montar un negocio de food trucks

Baja inversión inicial: En comparación con la apertura de un restaurante tradicional, la puesta en marcha de un negocio de food trucks suele requerir un capital inicial más bajo. Esto puede hacerlo más accesible a empresarios con fondos limitados.

Flexibilidad y movilidad: Los camiones de comida ofrecen la flexibilidad de cambiar de ubicación en función de la demanda. Puedes explorar diferentes barrios, eventos o incluso seguir las tendencias estacionales para maximizar tus oportunidades de negocio.

Público objetivo: Los camiones de comida le permiten dirigirse a grupos demográficos o eventos específicos en los que hay una gran demanda de su tipo de comida. Por ejemplo, puedes atender a oficinistas a la hora de comer, asistentes a festivales o público nocturno.

Libertad creativa: Como propietario de un food truck, tienes libertad creativa para experimentar con menús diversos, fusión y recetas únicas. Esto puede ayudarte a destacar en un mercado competitivo y atraer a entusiastas de la comida que buscan nuevas experiencias gastronómicas.

Gastos generales más bajos: Operar un camión de comida normalmente implica menores gastos generales en comparación con un restaurante tradicional. Puedes ahorrar en gastos como alquiler y personal, lo que puede contribuir a aumentar los márgenes de beneficio.

Compromiso con la comunidad: Los camiones de comida suelen fomentar el sentido de comunidad al interactuar directamente con los clientes en entornos al aire libre. Este toque personal puede fidelizar a los clientes y generar recomendaciones positivas de boca en boca.

Adaptabilidad: Los camiones de comida pueden adaptarse a las tendencias cambiantes y a las preferencias de los clientes más rápidamente que los restaurantes tradicionales. Esta agilidad te permite seguir siendo relevante y aprovechar las nuevas tendencias alimentarias o los ingredientes de temporada.

Campo de pruebas de ideas: Un camión de comida puede servir como campo de pruebas para nuevos menús, estrategias de marketing y conceptos de negocio antes de pasar a una operación más grande. Proporciona información valiosa sobre lo que funciona mejor para su público objetivo.

Potencial de expansión: Los negocios exitosos de camiones de comida pueden expandirse a múltiples camiones, servicios de catering o incluso la transición a un restaurante permanente si se desea. Esta escalabilidad ofrece oportunidades de crecimiento a largo plazo.

Pasión y creatividad: Para muchos empresarios, dirigir un camión de comida es un empeño impulsado por la pasión que les permite compartir su amor por la comida con los demás. Es una plataforma para expresar la creatividad, las habilidades culinarias y el impulso empresarial.

PARTE 3
Cómo identificar el mercado objetivo de su camión de comida

Identificar su mercado objetivo para un negocio de camiones de comida implica comprender quiénes son sus clientes potenciales y cuáles son sus preferencias, necesidades y comportamientos. Estos son los pasos que le ayudarán a identificar su mercado objetivo:

Investigue los datos demográficos: Comience por investigar la demografía de la zona donde planea operar su camión de comida. Esto incluye factores como la edad, el sexo, el nivel de ingresos, la ocupación, el nivel educativo y el tamaño de la familia.

Identificar las necesidades de los clientes: Conozca las necesidades y preferencias de los clientes potenciales. Buscan comidas rápidas y asequibles, opciones gourmet, opciones de comida sana o un tipo de cocina específico?

Investigue a la competencia: Estudie a sus competidores en el sector de los camiones de comida. Identifique a quién se dirigen y qué les hace tener éxito. Esto puede aportarle información sobre lagunas en el mercado u oportunidades para diferenciar su oferta.

Realice encuestas o entrevistas: Contacte directamente con su público objetivo mediante encuestas, entrevistas o grupos de discusión. Hágales preguntas sobre sus preferencias alimentarias, hábitos gastronómicos, hábitos de gasto y qué les atraería de un camión de comida.

Utilice las redes sociales y las herramientas en línea: Utiliza plataformas de redes sociales y herramientas en línea para recopilar datos e información sobre clientes potenciales. Siga las conversaciones, tendencias y opiniones relacionadas con los camiones de comida y negocios similares.

Considere la ubicación: La ubicación de su camión de comida también puede influir en su mercado objetivo. Por ejemplo, si aparca cerca de oficinas, su mercado objetivo pueden ser profesionales en busca de opciones de comida rápida. Si aparca cerca de parques o atracciones turísticas, su mercado objetivo puede incluir familias, turistas o aficionados a las actividades al aire libre.

Crear avatares **de clientes:** A partir de la información recopilada, cree avatares de clientes que representen a su público objetivo. Incluya detalles como datos demográficos, preferencias, comportamientos, retos y objetivos. Esto le ayudará a adaptar eficazmente sus estrategias de marketing y sus ofertas.

Siguiendo estos pasos y recopilando continuamente información y datos, podrá perfeccionar su conocimiento del mercado objetivo y adaptar su negocio de camiones de comida para satisfacer sus necesidades y preferencias.

PARTE 4
Cómo crear el menú de su food truck

La planificación de un menú para su negocio de camiones de comida implica varios pasos clave para garantizar el éxito. Aquí tienes una guía que te ayudará a planificar eficazmente el menú de tu food truck:

Investigue su mercado:
Comprenda las preferencias y gustos de sus clientes objetivo.
Identifique las tendencias alimentarias y las cocinas populares de su zona.
Tenga en cuenta preferencias dietéticas como vegetariano, vegano, sin gluten, etc.

Defina su concepto:
Decida el tipo de cocina o el tema de su camión de comida (por ejemplo, mexicana, barbacoa, hamburguesas, fusión).
Determine si quiere centrarse en una comida concreta (por ejemplo, desayuno, almuerzo, merienda) u ofrecer un menú completo.

Crear un menú principal:
Elabore una lista de platos emblemáticos que representen su concepto y atraigan a su mercado objetivo.
Incluya una variedad de platos principales, guarniciones, postres y bebidas.
Asegúrese de que su menú tenga un buen equilibrio de sabores, texturas y opciones dietéticas.

Considere la estrategia de precios:
Determine el rango de precios de los platos de su menú en función de los costes de los ingredientes, la competencia y la disposición a pagar de los clientes objetivo.
Ofrezca combos de valor u ofertas de comidas para atraer clientes y aumentar las ventas.

Probar y perfeccionar:
Realice pruebas de sabor y obtenga opiniones de amigos, familiares y clientes potenciales.
Realice ajustes en el menú en función de los comentarios y la popularidad de los platos.

Artículos de temporada y especiales:
Considere la posibilidad de ofrecer menús especiales de temporada o por tiempo limitado para crear expectación y atraer a clientes habituales.

Incorpore ingredientes locales o sabores de temporada para seguir siendo relevante y apelar a las tendencias estacionales.

Presentación del menú:
Diseñe un vistoso tablero de menús o un menú digital fácil de leer y entender.

Utilice descripciones atractivas e imágenes de alta calidad para mostrar sus platos y tentar a los clientes.

Consideraciones operativas:
Asegúrese de que su menú es manejable en cuanto a tiempos de preparación, cocción y servicio.

Planifique el aprovisionamiento de ingredientes, el almacenamiento y la gestión del inventario para mantener la coherencia y la calidad del menú.

Siguiendo estos pasos y evaluando continuamente su menú en función de los comentarios de los clientes y las tendencias del mercado, podrá crear un menú atractivo y exitoso para su negocio de food trucks.

Si todavía se siente un poco perdido, aquí tiene un menú estándar de food trucks que incluye una variedad de artículos populares que pueden servirle para empezar:

Platos principales:
Hamburguesa con queso: Hamburguesa clásica de ternera, queso, lechuga, tomate, cebolla y salsa especial en pan brioche.

Tacos de Pollo: Pollo a la parrilla, lechuga, salsa, queso y crema agria en tortillas suaves de maíz.

Veggie Wrap: Verduras a la plancha, hummus, verduras mixtas y queso feta en un wrap integral.

Laterales:

Patatas fritas: Crujientes patatas fritas doradas servidas con salsa de tomate o salsa alioli.

Aros de cebolla: Aros de cebolla a la cerveza fritos a la perfección y servidos con aderezo ranchero.

Ensalada César: Lechuga romana, picatostes, queso parmesano y aliño César.

Artículos especiales:

Bocadillo de cerdo a la barbacoa: Cerdo cocinado a fuego lento en salsa BBQ, servido en un pan tostado con ensalada de col.

Tacos de Pescado: Pescado a la cerveza, ensalada de repollo, crema de aguacate y salsa en suaves tortillas de harina.

Falafel Bowl: Bolas crujientes de falafel, ensalada tabulé, hummus y salsa tahini sobre quinoa.

Postres:

Churros: Masa frita espolvoreada con azúcar y canela, servida con salsa de chocolate.

Sándwich de helado: Helado de vainilla entre dos galletas de chocolate.

Ensalada de frutas: Frutas frescas de temporada servidas frías con un chorrito de aliño de miel y lima.

Bebidas:

Refrescos: Coca-Cola, Sprite, Coca-Cola light y otros refrescos.

Té helado: Té helado con o sin azúcar con rodajas de limón.

Agua embotellada: Agua embotellada con o sin gas.

Este menú ofrece una mezcla de platos clásicos favoritos, como hamburguesas y tacos, junto con algunas especialidades para variar. Puede adaptar el menú a su concepto específico, al público al que se dirige y a los ingredientes disponibles. No olvide incluir precios y descripciones atractivas en el menú para atraer a los clientes.

PARTE 5
Estrategia de precios para los Food Trucks

Una buena estrategia de precios para su negocio de food trucks puede depender de varios factores, como su mercado objetivo, la competencia, los costes y la propuesta de valor. He aquí algunas estrategias de fijación de precios que puede tener en cuenta:

Precios de penetración: se trata de una estrategia de marketing utilizada por las empresas para atraer clientes a un nuevo producto o servicio ofreciendo un precio más bajo durante su oferta inicial. El precio más bajo ayuda a un nuevo producto o servicio a penetrar en el mercado y atraer a los clientes de la competencia.

Precios de coste incrementado: Calcule todos los costes (ingredientes, mano de obra, gastos generales, etc.) y añada un margen para determinar el precio de venta. Así te aseguras de cubrir los gastos y obtener beneficios.

Precios basados en el valor: Fije sus precios en función del valor percibido de su comida. Si ofreces platos únicos o de alta calidad, puedes ponerles un precio más alto que a los artículos estándar.

Precios competitivos: Investigue los precios de sus competidores y fije los suyos ligeramente por debajo, a la par o por encima, en función de su posicionamiento y sus puntos de venta exclusivos.

Precios combinados: Ofrezca ofertas o combos de comidas para animar a los clientes a gastar más. Por ejemplo, una comida combinada con un plato principal, guarnición y bebida a un precio con descuento en comparación con la compra de cada artículo por separado.

Precios estacionales: Ajuste sus precios en función de temporadas o eventos. Por ejemplo, puede ofrecer promociones especiales o descuentos durante las vacaciones o festivales para atraer a más clientes.

Precios psicológicos: Utilice técnicas de fijación de precios como fijar los precios justo por debajo de un número redondo (9,99 € en lugar de 10 €) o resaltar los descuentos (por ejemplo, "20% de descuento") para hacer que sus precios sean más atractivos.

Precios dinámicos: Ajuste los precios en función de la demanda, la hora del día u otros factores. Por ejemplo, puede ofrecer precios más bajos fuera de las horas punta para atraer a más clientes.

Precios escalonados: Ofrezca diferentes niveles de precios con distintos niveles de servicio o porciones. Esto permite a los clientes elegir lo que se ajusta a su presupuesto y preferencias.

Considere la posibilidad de experimentar con distintas estrategias de precios y controle su impacto en las ventas y la rentabilidad. Los comentarios de los clientes y las tendencias del mercado también pueden orientar sus decisiones de precios a lo largo del tiempo.

PARTE 6
Selección de la ubicación de su negocio de camiones de comida

Seleccionar una buena ubicación para su negocio de food trucks es crucial para su éxito. He aquí algunos pasos que le ayudarán a elegir la ubicación adecuada:

Comprenda su mercado objetivo: Identifique a sus clientes objetivo, sus preferencias y dónde es probable que se encuentren. Tenga en cuenta factores como la demografía, el estilo de vida y los hábitos alimentarios.

Busque zonas muy transitadas: Busque zonas con mucho tránsito de personas, como distritos comerciales, centros comerciales, lugares turísticos, parques y lugares donde se celebren eventos. Estos lugares pueden atraer un flujo constante de clientes potenciales.

Considere la competencia: Evalúe la presencia de competidores en la zona. Aunque un poco de competencia puede ser saludable, demasiada podría saturar el mercado. Elija un lugar en el que pueda destacar u ofrecer algo único.

Comprueba la normativa urbanística: Asegúrate de que el lugar que elijas cumple la normativa local sobre zonificación y permisos para camiones de comida. Algunas zonas pueden tener restricciones sobre dónde pueden operar los camiones de comida.

Evalúe el aparcamiento y la accesibilidad: Considere la disponibilidad de espacio de aparcamiento para su camión de comida y asegúrese de la facilidad de acceso tanto para los clientes como para su camión.

Evalúe la visibilidad y la señalización: Opte por una ubicación con buena visibilidad para atraer el tráfico de paso. Invierta en una señalización llamativa para atraer clientes y dar a conocer su presencia.

Revisar los costes: Evalúe los costes asociados al funcionamiento en diferentes ubicaciones, incluidos el alquiler o las tasas, los servicios públicos y otros gastos. Equilibre estos costes con el tráfico de personas y los ingresos potenciales.

Pruebe varias ubicaciones: Considere la posibilidad de probar su camión de comida en diferentes lugares en diferentes días para recopilar datos sobre las preferencias de los clientes, las ventas y el tráfico peatonal antes de comprometerse con una ubicación a largo plazo.

Siguiendo estos pasos y considerando cuidadosamente factores como el mercado objetivo, la competencia, la normativa, la accesibilidad, la visibilidad y los costes, podrá seleccionar una buena ubicación que maximice el potencial de éxito de su negocio de camiones de comida.

PARTE 7
Permisos y licencias para camiones de comida

La obtención de permisos y licencias para su negocio de camiones de comida es un paso crucial para garantizar el cumplimiento de la normativa local y operar legalmente. Estos son los pasos generales que debe seguir:

Investigue los requisitos locales: Comience por investigar los permisos y licencias específicos requeridos para operar un camión de comida en su ciudad o condado. Las normativas pueden variar significativamente en función de tu ubicación.

Póngase en contacto con el departamento de sanidad local: Póngase en contacto con el departamento de salud local para conocer las normas de seguridad alimentaria y los requisitos para operar un camión de comida. Pueden informarte sobre las certificaciones e inspecciones necesarias.

Solicite un permiso sanitario: Obtén un permiso sanitario, también conocido como permiso de manipulador de alimentos o permiso de establecimiento alimentario, que demuestre que tu camión de comida cumple las normas sanitarias y de seguridad.

Licencia comercial: Solicite una licencia comercial o una licencia de venta ambulante de alimentos al gobierno de su ciudad o condado. Esta licencia le permite operar legalmente un negocio dentro de la zona.

Certificaciones de manipulador de alimentos: Asegúrese de que todos los empleados que manipulan alimentos en su camión de comida tengan las certificaciones de manipulador de alimentos requeridas. Estas certificaciones pueden implicar la realización de un curso de seguridad alimentaria y la superación de un examen.

Zonificación y permisos de estacionamiento: Compruebe las normas de zonificación para asegurarse de que puede aparcar y operar su camión de comida en áreas específicas. Puede que necesites permisos de aparcamiento o autorizaciones de los propietarios o las autoridades locales.

Permiso de seguridad contra incendios: Dependiendo de su ubicación y del tamaño de su camión de comida, es posible que necesite un permiso de seguridad contra incendios para garantizar el cumplimiento de los códigos de incendios y las medidas de seguridad.

Otros permisos e inspecciones: Además de lo anterior, es posible que necesite otros permisos e inspecciones, como permisos de propano o gas para equipos de cocina, permisos de señalización y permisos de eliminación de aguas residuales.

Presentar solicitudes y tasas: Prepare y presente todas las solicitudes requeridas junto con las tasas necesarias. Lleve un registro de los plazos y haga un seguimiento del estado de sus solicitudes.

Asista a las inspecciones: Una vez aprobadas sus solicitudes, programe y asista a las inspecciones necesarias para asegurarse de que su camión de comida cumple todos los requisitos reglamentarios.

Es importante estar al día de cualquier cambio en la normativa y renovar los permisos y licencias cuando sea necesario para evitar sanciones o interrupciones en las operaciones de su empresa. Consultar con expertos legales y reguladores también puede ser útil para navegar eficazmente por el proceso de permisos y licencias.

PARTE 8
Normativa sobre salud y seguridad de los camiones de comida

Conocer las normas de salud y seguridad para su negocio de camiones de comida es crucial para garantizar el cumplimiento y el bienestar de sus clientes. Estos son algunos pasos que puede dar para conocer estas normativas:

Investigue los sitios web gubernamentales: Visite los sitios web oficiales de los organismos gubernamentales responsables de regular la seguridad alimentaria en su zona. Por ejemplo, la Administración de Alimentos y Medicamentos (FDA) o el Departamento de Sanidad. Estos sitios web suelen ofrecer información detallada sobre los requisitos, normativas y directrices de seguridad alimentaria específicos para los camiones de comida.

Asista a talleres o seminarios: Busque talleres, seminarios o programas de capacitación realizados por departamentos de salud o asociaciones de la industria. Estos eventos pueden proporcionar información valiosa sobre las prácticas de salud y seguridad, reglamentos y requisitos de cumplimiento para los operadores de camiones de alimentos.

Consulte a los inspectores sanitarios: Programa una reunión o consulta con los inspectores de sanidad o los funcionarios encargados de la regulación en tu zona. Pueden facilitarle información específica sobre la normativa que debe cumplir, responder a sus preguntas y guiarle en el proceso de obtención de los permisos y licencias necesarios.

Únase a asociaciones del sector: Considere unirse a asociaciones u organizaciones de la industria relacionadas con las operaciones de camiones de alimentos. Estas asociaciones suelen ofrecer recursos, orientación y oportunidades para establecer contactos que pueden ayudarle a mantenerse informado sobre las normativas de salud y seguridad y las mejores prácticas.

Cursos y recursos en línea: Explore cursos en línea, seminarios web y recursos centrados en la seguridad alimentaria y las regulaciones para las empresas alimentarias. Muchas organizaciones y plataformas de renombre ofrecen cursos específicamente adaptados a los operadores de camiones de comida.

Consulte a expertos legales y reguladores: Si tiene preguntas o preocupaciones específicas sobre las normas de salud y seguridad, considere consultar con expertos legales o consultores reguladores que se especialicen en regulaciones de la industria alimentaria. Pueden ofrecerle orientación personalizada en función de su ubicación y las necesidades de su empresa.

Si sigue estos pasos y se mantiene proactivo a la hora de informarse sobre las normativas de salud y seguridad, podrá asegurarse de que su negocio de camiones de comida cumple todos los requisitos necesarios y funciona de forma segura y legal.

PARTE 9
Elegir su camión o remolque de comida

Elegir el camión o remolque adecuado para su negocio de food trucks es crucial para su éxito. He aquí algunos pasos que le ayudarán a tomar la decisión correcta:

Defina su menú y las necesidades de equipamiento: Comience por definir su menú y el equipo que necesitará para preparar y servir sus platos. Esto ayudará a determinar los requisitos de tamaño y disposición de su camión o remolque.

Considere su presupuesto: Determine cuánto está dispuesto a invertir en su camión o remolque de comida. Esto reducirá tus opciones y te ayudará a centrarte en vehículos que se ajusten a tu presupuesto.

Tamaño y disposición: Elija un camión o remolque que ofrezca espacio suficiente para su equipo de cocina, almacenamiento y espacio de trabajo. Tenga en cuenta factores como el número de empleados que trabajarán en el interior y cuánto espacio de pie necesitarán los clientes.

Requisitos de movilidad: Considere dónde planea operar su camión de comida. Si va a circular por calles urbanas estrechas, un camión más pequeño puede ser más práctico. Para eventos más grandes o lugares rurales, un camión o remolque más grande podría ser adecuado.

Estado y mantenimiento: Tanto si compra un camión nuevo como uno usado, inspeccione a fondo el estado del camión o del remolque. Tenga en cuenta los costes de mantenimiento y la disponibilidad de piezas y servicios en su zona.

Cumplimiento y normativa: Asegúrate de que el vehículo que elijas cumple la normativa sanitaria y de seguridad, incluida la relacionada con la manipulación de alimentos, la seguridad contra incendios y las inspecciones de vehículos. Consulta los requisitos específicos con el departamento de sanidad local y los organismos reguladores.

Opciones de personalización: Dependiendo de su menú y marca, es posible que desee personalizar el interior y el exterior de su camión o remolque. Considere opciones de personalización que se alineen con sus objetivos de negocio y la experiencia del cliente.

Seguro y financiación: Investiga las opciones de seguro para camiones o remolques de comida y considera las opciones de financiación si no vas a comprarlos directamente. Ten en cuenta los costes del seguro y las condiciones de financiación a la hora de tomar una decisión.

Al considerar cuidadosamente estos factores, puede elegir el camión o remolque adecuado que satisfaga las necesidades de su negocio y le prepare para el éxito en la industria de camiones de alimentos.

Sitios web para encontrar un vehículo con descuento

FoodTruckEmpire.com

FoodTruckEmpire.com ofrece una amplia gama de camiones de comida nuevos y usados en venta. Presentan anuncios de varios vendedores de todo Estados Unidos, lo que facilita la comparación de precios y la búsqueda de descuentos en camiones de comida que se ajusten a su presupuesto y requisitos.

UsedVending.com

UsedVending.com se especializa en la venta de camiones de comida usados, remolques y otros equipos de vending. Tienen un gran inventario de camiones rebajados de diferentes marcas y vendedores. Puede consultar sus anuncios y ponerse en contacto directamente con los vendedores para negociar los precios.

FoodTruckForSale.com

FoodTruckForSale.com es un mercado para la compra y venta de camiones de comida nuevos y usados. Ofrecen descuentos en camiones de segunda mano y proporcionan listados detallados con fotos, especificaciones e información de contacto del vendedor. Puede buscar camiones por ubicación, precio y otros criterios.

RoamingHunger.com

Roaming Hunger es una plataforma que pone en contacto a compradores y vendedores de camiones de comida. Aunque se centran principalmente en ayudar a los clientes a encontrar camiones de comida para eventos y catering, también ponen a la venta camiones con descuento. Puedes utilizar sus filtros de búsqueda para limitar las opciones en función de tu presupuesto y ubicación.

Craigslist.org

Craigslist es una popular plataforma de anuncios clasificados en línea en la que puedes encontrar una gran variedad de artículos a la venta, incluidos camiones de comida. Aunque los anuncios de Craigslist pueden variar según la ubicación y la disponibilidad, merece la pena comprobar regularmente si hay camiones con descuento y negociar directamente con los vendedores.

Estos no son los únicos sitios web, pero ofrecen una gama de opciones, para empezar a encontrar camiones con descuento para su negocio de camiones de comida. Asegúrese de investigar a fondo cada anuncio, inspeccionar los vehículos en persona si es posible, y negociar los precios para obtener el mejor trato.

PARTE 10
Equipamiento y suministros para su negocio de camiones de comida

Iniciar un negocio de camiones de comida requiere equipos y suministros específicos para garantizar un funcionamiento sin problemas y la capacidad de servir comida de alta calidad. Aquí tienes una lista de los elementos esenciales que necesitarás:

Vehículo Food Truck: Este es el núcleo de su negocio, y debe estar equipado con instalaciones de cocina y almacenamiento. Tenga en cuenta factores como el tamaño, la movilidad y la distribución a la hora de elegir un camión de comida.

Equipo de cocina:
Plancha o parrilla para cocinar hamburguesas, sándwiches y otros productos.
Freidora para freír alimentos como patatas fritas, filetes de pollo o marisco frito.
Cocina o fogón para cocinar sopas, guisos y salsas.
Horno para hornear o asar.
Microondas para calentar o cocinar rápidamente determinados artículos.
Unidades de refrigeración para almacenar ingredientes perecederos.

Equipo de preparación de alimentos:
Tablas de cortar, cuchillos y utensilios para preparar la comida.
Cuencos, ollas y sartenes para cocinar.
Procesadores de alimentos o batidoras para preparar salsas, salsas o batidos.
Cortadoras de fiambres y dados para preparar los ingredientes con eficacia.

Equipos de servicio y exposición:
Mostrador o ventanilla para atender a los clientes.
Vitrinas o estantes para exponer los platos del menú.
Caja registradora o sistema POS para transacciones.
Carteles o paneles de menús para exponer ofertas y precios.

Almacenamiento y organización:
- Estanterías y armarios para almacenar ingredientes, utensilios y suministros.
- Contenedores y recipientes para mantener los alimentos frescos y organizados.
- Papeleras y contenedores de reciclaje para la gestión de residuos.

Seguridad e higiene:
- Extintor y botiquín de primeros auxilios para emergencias.
- Lavamanos y estaciones de desinfección para la seguridad alimentaria.
- Artículos de limpieza como desinfectantes, detergentes y bolsas de basura.
- Guantes y redecillas para la higiene en la manipulación de alimentos.

Generador o fuente de alimentación: Asegúrese de que dispone de una fuente de energía fiable para hacer funcionar su equipo, especialmente si opera en lugares sin acceso a conexiones eléctricas.

Equipamiento específico para cada menú: Dependiendo de su menú, es posible que necesite equipos especializados como un horno de pizza, una gofrera o una máquina de helados.

Suministros desechables y para servir:
- Platos, utensilios y vasos desechables.
- Servilletas, toallas de papel y toallitas para la limpieza y el uso de los clientes.
- Envases y bolsas para servir comida para llevar.

Material de marketing y marca: Tarjetas de visita, folletos, menús y artículos de marca para promocionar su food truck y atraer clientes.

Es crucial investigar las normativas locales y los códigos sanitarios para garantizar el cumplimiento de los requisitos relacionados con el equipamiento, la manipulación de alimentos y las normas de seguridad. Además, tenga en cuenta factores como las limitaciones de espacio, las restricciones presupuestarias y la complejidad del menú a la hora de seleccionar el equipo y los suministros para su negocio de camiones de comida.

Sitios web de Food Trucks para equipos y suministros

WebstaurantStore.com

Resumen: WebstaurantStore es una completa tienda online de suministros para restaurantes que ofrece una amplia gama de equipos, suministros y mobiliario para negocios de restauración. Tienen precios competitivos, una amplia selección de productos y opciones de envío rápido, por lo que son una opción popular para los propietarios de camiones de comida.

Restaurant Depot.com

Resumen: Restaurant Depot es un proveedor mayorista que atiende a restaurantes, food trucks y otros establecimientos de restauración. Ofrecen descuentos por volumen en una gran variedad de productos, como alimentos, equipos, productos desechables y artículos de limpieza. Para comprar en Restaurant Depot es necesario ser socio.

KaTom.com

Resumen: KaTom Restaurant Supply es un proveedor de confianza de equipamiento para cocinas comerciales, menaje y suministros para restaurantes. Tienen un sitio web fácil de usar con una amplia gama de productos de marcas líderes. KaTom ofrece precios competitivos, un excelente servicio de atención al cliente y opciones de entrega rápida.

Ace Mart.com

Resumen: Ace Mart es una fuente fiable de equipos, suministros y mobiliario para restaurantes y servicios alimentarios. Atienden a varias industrias, incluyendo camiones de comida, con una diversa selección de productos a precios competitivos. Ace Mart también ofrece atención al cliente personalizada y servicios de envío rápido.

TigerChef.com

Resumen: TigerChef es una tienda online de suministros para restaurantes que ofrece una amplia gama de productos para cocinas comerciales y food trucks. Tienen un sitio web fácil de usar, precios competitivos y un amplio inventario de equipos, pequeños utensilios y consumibles. TigerChef también ofrece recursos y guías para propietarios de restaurantes.

Estos sitios web son fuentes fiables para comprar equipos, suministros y otros artículos esenciales para su negocio de camiones de comida. Se recomienda comparar precios, leer los comentarios de los clientes y tener en cuenta los gastos de envío y los plazos de entrega antes de comprar.

PARTE 11
Sitios web de Food Trucks para equipos y suministros

WebstaurantStore.com

Resumen: WebstaurantStore es una completa tienda online de suministros para restaurantes que ofrece una amplia gama de equipos, suministros y mobiliario para negocios de restauración. Tienen precios competitivos, una amplia selección de productos y opciones de envío rápido, por lo que son una opción popular para los propietarios de camiones de comida.

Restaurant Depot.com

Resumen: Restaurant Depot es un proveedor mayorista que atiende a restaurantes, food trucks y otros establecimientos de restauración. Ofrecen descuentos por volumen en una gran variedad de productos, como alimentos, equipos, productos desechables y artículos de limpieza. Para comprar en Restaurant Depot es necesario ser socio.

KaTom.com

Resumen: KaTom Restaurant Supply es un proveedor de confianza de equipamiento para cocinas comerciales, menaje y suministros para restaurantes. Tienen un sitio web fácil de usar con una amplia gama de productos de marcas líderes. KaTom ofrece precios competitivos, un excelente servicio de atención al cliente y opciones de entrega rápida.

Ace Mart.com

Resumen: Ace Mart es una fuente fiable de equipos, suministros y mobiliario para restaurantes y servicios alimentarios. Atienden a varias industrias, incluyendo camiones de comida, con una diversa selección de productos a precios competitivos. Ace Mart también ofrece atención al cliente personalizada y servicios de envío rápido.

TigerChef.com

Resumen: TigerChef es una tienda online de suministros para restaurantes que ofrece una amplia gama de productos para cocinas comerciales y food trucks. Tienen un sitio web fácil de usar, precios competitivos y un amplio inventario de equipos, pequeños utensilios y consumibles. TigerChef también ofrece recursos y guías para propietarios de restaurantes.

Estos sitios web son fuentes fiables para comprar equipos, suministros y otros artículos esenciales para su negocio de camiones de comida. Se recomienda comparar precios, leer los comentarios de los clientes y tener en cuenta los gastos de envío y los plazos de entrega antes de comprar.

PARTE 12
Plan de Marketing para Food Trucks

Desarrollar un plan de marketing para su negocio de camiones de comida implica varios pasos clave para llegar eficazmente a su público objetivo y promocionar sus ofertas. He aquí un enfoque estructurado para crear un plan de marketing:

Estudios de mercado:

Identifique su mercado objetivo (por ejemplo, demografía, preferencias, comportamientos).

Analice a sus competidores (por ejemplo, sus ofertas, precios, estrategias de marketing).

Propuesta única de venta (USP):

Determine qué diferencia a su camión de comida de los competidores.

Destaque su USP en sus esfuerzos de marketing para atraer clientes.

Metas y objetivos:

Establezca objetivos específicos, mensurables, alcanzables, pertinentes y sujetos a plazos (SMART).

Algunos ejemplos de objetivos pueden ser el aumento de las ventas en un determinado porcentaje, la expansión a nuevas ubicaciones o el aumento de la notoriedad de la marca.

Estrategias de marketing:

Defina su marketing mix (Producto, Precio, Plaza, Promoción).

Productos: Describa su oferta de comida, variaciones del menú y ofertas especiales.

Precio: Determine su estrategia de precios (por ejemplo, precios competitivos, precios premium, precios de valor).

Lugar: Identifique los lugares en los que operará su camión de comida y considere la posibilidad de asociarse con eventos o empresas.

Promoción: Describa cómo promocionará su camión de comida (por ejemplo, redes sociales, marketing por correo electrónico, asociaciones, eventos).

Asignación presupuestaria:
Asigne un presupuesto a cada estrategia de marketing en función de sus objetivos y recursos.
Tenga en cuenta los canales y tácticas de marketing tanto online como offline. Más adelante en este libro hablaremos de las enormes ventajas del marketing a través de YouTube.

Plan de aplicación:
Establezca un calendario para la aplicación de cada estrategia de marketing.
Asigne responsabilidades a los miembros del equipo o a socios externos.

Medición y análisis:
Defina indicadores clave de rendimiento (KPI) para realizar un seguimiento del éxito de sus esfuerzos de marketing (por ejemplo, crecimiento de las ventas, coste de adquisición de clientes, participación en las redes sociales).

Mida y analice periódicamente los resultados para tomar decisiones basadas en datos y ajustar su plan de marketing según sea necesario.

Retroalimentación y mejora:
Recabar opiniones de clientes, empleados y partes interesadas.
Utilice los comentarios para mejorar continuamente su oferta y sus estrategias de marketing.

Siguiendo estos pasos, podrá desarrollar un plan de marketing integral que le ayude a promocionar su negocio de food trucks de forma eficaz y a alcanzar sus objetivos empresariales.

PARTE 13
Financiación y fondos para su negocio de camiones de comida

Garantizar la financiación y las opciones de financiación para su negocio de camiones de comida implica explorar varias fuentes de capital para financiar sus costes de puesta en marcha, operaciones y crecimiento. Estas son algunas de las opciones y estrategias de financiación más habituales:

Préstamo de crédito Paypal: Si usted tiene una cuenta de paypal, casi cualquier persona puede calificar para al menos $ 1,500 y obtener ningún interés si se paga en su totalidad en 6 meses en las compras de $ 99 o más cuando usted comprueba hacia fuera con Paypal crédito. Yo personalmente lo he utilizado para varias compras grandes. Se trata de una línea de crédito renovable que se mantiene en su cuenta de paypal regular a utilizar en addion a sus ofertas regulares de tarjetas de crédito. El único inconveniente es que el comerciante tiene que aceptar PayPal.

Ahorros personales: Utilizar sus propios ahorros o activos personales es una de las formas más sencillas de financiar su negocio de food trucks. Esto puede incluir dinero de cuentas de ahorro, fondos de jubilación o la venta de activos personales.

Familiares y amigos: Puedes buscar el apoyo financiero de familiares o amigos que crean en tu idea de negocio. Puede ser en forma de préstamos o inversiones.

Micropréstamos: Los microcréditos son pequeños préstamos ofrecidos normalmente por organizaciones sin ánimo de lucro, instituciones financieras de desarrollo comunitario (CDFI) o prestamistas en línea. Son adecuados para empresas con necesidades de financiación modestas.

Inversores ángeles: Los ángeles inversores son personas o grupos que aportan capital a las empresas emergentes a cambio de acciones o deuda convertible. Suelen aportar valiosos conocimientos y oportunidades de establecer contactos.

Capital riesgo: Los capitalistas de riesgo invierten en empresas emergentes de alto crecimiento con un potencial de rentabilidad significativo. Suelen aportar grandes cantidades de capital, pero también exigen una participación significativa en tu empresa.

Financiación de equipos: Si necesita comprar o alquilar equipos para su food truck, puede explorar las opciones de financiación de equipos. Esto le permite distribuir el coste del equipo a lo largo del tiempo mientras lo utiliza para generar ingresos.

Préstamos bancarios: Los préstamos bancarios tradicionales son una fuente habitual de financiación para las pequeñas empresas. Puedes solicitar un préstamo empresarial en función de tu solvencia, plan de negocio y garantías.

Crédito empresarial: El crédito empresarial se refiere a la solvencia y reputación financiera de una empresa a ojos de prestamistas y proveedores. Es independiente del crédito personal y se basa en el historial de pagos de la empresa, la utilización del crédito y otros factores financieros. Crear un crédito empresarial sólido es crucial para obtener préstamos, líneas de crédito y condiciones favorables de los proveedores, lo que ayuda a las empresas a crecer y prosperar financieramente.

Crowdfunding: El crowdfunding es un método de recaudación de fondos que consiste en reunir pequeñas contribuciones de un gran número de personas u organizaciones para financiar un proyecto o una empresa. Suele tener lugar en plataformas en línea dedicadas al crowdfunding, donde los creadores muestran sus proyectos e invitan a la gente a contribuir económicamente. El crowdfunding permite a los creadores acceder al capital sin recurrir a fuentes tradicionales como bancos o inversores, mientras que los simpatizantes pueden participar en proyectos en los que creen y a menudo reciben recompensas o incentivos a cambio de sus aportaciones.

Subvenciones: Las subvenciones son fondos no reembolsables concedidos por gobiernos, fundaciones u organizaciones a particulares, empresas u organizaciones sin ánimo de lucro para fines específicos como la investigación, la educación o el desarrollo comunitario. A diferencia de los préstamos, las subvenciones no tienen que devolverse, lo que las convierte en una valiosa fuente de financiación para proyectos o iniciativas con beneficios sociales, medioambientales o económicos. Los beneficiarios de las subvenciones suelen estar obligados a cumplir ciertos criterios, como demostrar el impacto potencial de su proyecto y atenerse a las directrices de la subvención y a los requisitos de presentación de informes.

Préstamos de la Agencia Federal para el Desarrollo de la Pequeña Empresa (SBA): Los préstamos de la Agencia Federal para el Desarrollo de la Pequeña Empresa (SBA) son productos financieros ofrecidos por la Agencia Federal para el Desarrollo de la Pequeña Empresa de Estados Unidos para apoyar a las pequeñas empresas de diversos sectores. Estos préstamos están diseñados para proporcionar financiación asequible para la creación, ampliación o adquisición de pequeñas empresas, ofreciendo tipos de interés más bajos y plazos de amortización más largos que los préstamos tradicionales. Los préstamos de la SBA están disponibles a través de los prestamistas participantes y cuentan con criterios de elegibilidad y procesos de solicitud específicos adaptados a los distintos tipos de empresas y a sus necesidades de financiación. Estos préstamos empresariales pueden alcanzar un máximo de 5 millones de dólares.

A la hora de elegir la opción de financiación adecuada para su negocio de camiones de comida, tenga en cuenta factores como la cantidad de capital necesaria, su solvencia, los plazos de amortización, los tipos de interés y el impacto sobre su propiedad y el control del negocio. También es importante contar con un plan de negocio sólido y proyecciones financieras que demuestren la viabilidad de su empresa a posibles prestamistas o inversores.

Más adelante en este libro trataremos con más detalle el crédito empresarial, la financiación colectiva, las subvenciones públicas y los préstamos garantizados por la Administración de Pequeñas Empresas.

PARTE 14

Crédito para empresas de camiones de comida

Cómo conseguir crédito empresarial para tu negocio de food trucks

Registre su empresa: Registre su negocio de camiones de comida como una entidad legal, como una corporación o LLC (Sociedad de Responsabilidad Limitada). Esto separa sus finanzas personales de las del negocio, lo que es crucial para crear crédito empresarial.

Obtener un número de identificación de empresa (EIN): Obtenga un EIN del IRS, que es como un número de la seguridad social para su empresa. Es necesario para abrir cuentas bancarias y solicitar créditos.

Abra una cuenta bancaria comercial: Utilice su EIN para abrir una cuenta bancaria comercial a nombre de su camión de comida. Mantenga las finanzas de su negocio separadas de las personales para crear un historial crediticio sólido.

Solicitar un número D-U-N-S: Regístrese para obtener un número D-U-N-S de Dun & Bradstreet, una agencia de información crediticia especializada en crédito empresarial. Este identificador único suele ser necesario cuando se solicita un crédito empresarial.

Establezca líneas comerciales: Trabaje con vendedores y proveedores que comuniquen los pagos a las agencias de crédito empresarial. Pague las facturas puntualmente para crear un historial crediticio positivo.

Solicite una tarjeta de crédito comercial: Busque tarjetas de crédito comerciales que ofrezcan recompensas y beneficios adecuados para su negocio de camiones de comida. Realice pagos regulares y puntuales para mejorar su puntuación crediticia.

Supervise sus informes de crédito: Compruebe regularmente los informes de crédito de su empresa de las principales agencias de crédito como Dun & Bradstreet, Experian y Equifax. Solucione rápidamente cualquier error o discrepancia.

Establezca relaciones con prestamistas: A medida que crezca el historial crediticio de su empresa, establezca relaciones con prestamistas e instituciones financieras. Esto puede dar lugar a mayores líneas de crédito y mejores opciones de financiación.

Utilice el crédito con prudencia: Sea estratégico con la utilización de su crédito y evite llegar al límite de sus líneas de crédito. Mantén un buen historial de pagos y gestiona tus deudas de forma responsable.

PARTE 15

Cómo hacer frente a la competencia y otros retos para su negocio de camiones de comida

Enfrentarse a la competencia, gestionar los cambios estacionales y hacer frente a las inclemencias meteorológicas son aspectos importantes para gestionar con éxito un negocio de camiones de comida. Aquí tienes algunas estrategias que puedes tener en cuenta:

Análisis de la competencia:

Identifique a sus competidores directos e indirectos en la zona. Los competidores directos son otros camiones de comida o vendedores que ofrecen una cocina similar, mientras que los competidores indirectos son restaurantes u otros establecimientos de restauración.

Analice sus ofertas, precios, clientela y estrategias de marketing.

Diferencie su camión de comida ofreciendo menús únicos, promociones especiales, un excelente servicio al cliente o una experiencia de marca memorable.

Compromiso y fidelización del cliente:

Establezca relaciones sólidas con sus clientes a través de las redes sociales, el marketing por correo electrónico, los programas de fidelización y los comentarios de los clientes. En otras partes de este libro se tratará con más detalle la formación en marketing en redes sociales.

Ofrezca incentivos como descuentos, regalos o puntos de fidelidad para animar a los clientes a repetir.

Recopile datos de los clientes y utilícelos para personalizar sus ofertas y promociones.

Adaptación estacional:

Adapte su menú a las tendencias estacionales y las preferencias locales. Por ejemplo, ofrezca bebidas refrescantes y ensaladas en verano y sopas sustanciosas y bebidas calientes en invierno.

Promocione ofertas especiales de temporada y por tiempo limitado para atraer a los clientes durante épocas concretas del año.

Prevea con antelación las fluctuaciones estacionales de la afluencia de público y ajuste el personal y el inventario en consecuencia.

Planes de contingencia meteorológica:

Controle periódicamente las previsiones meteorológicas y disponga de planes de contingencia para condiciones meteorológicas extremas, como tormentas, olas de calor o lluvias torrenciales.

Invierta en equipos e infraestructuras que puedan resistir las inclemencias del tiempo, como toldos, calefactores o sistemas de refrigeración.

Considere ubicaciones o eventos alternativos durante las inclemencias del tiempo para mantener la continuidad de la actividad.

Diversificación y flexibilidad:

Diversifique sus fuentes de ingresos organizando eventos, asociándose con empresas locales u ofreciendo servicios de reparto.

Sea flexible con su menú y sus operaciones para adaptarse a los cambios en la demanda de los clientes, las tendencias del mercado y factores externos como el clima o la competencia.

Mejora continua:

Evalúe periódicamente su rendimiento, recabe opiniones de clientes y empleados y tome decisiones basadas en datos para mejorar sus ofertas y operaciones.

Manténgase al día de las tendencias, innovaciones y mejores prácticas del sector para seguir siendo competitivo y relevante en el mercado.

Aplicando estas estrategias, podrá gestionar eficazmente la competencia, sortear las variaciones estacionales y mitigar los efectos del clima para optimizar el éxito de su negocio de camiones de comida.

PARTE 16
Recursos para empresas de camiones de comida

Aquí tienes algunos recursos y materiales que te ayudarán a poner en marcha un negocio de food trucks:

Sitios web y guías en línea:

Sitio web de la Asociación Nacional de Camiones de Comida (NFTA): Proporciona recursos, directrices e información para poner en marcha y operar un negocio de camiones de comida.

Food Truck Empire: Ofrece artículos, guías y recursos para aspirantes a empresarios de camiones de comida.

Guía de la Administración de Pequeñas Empresas (SBA) para poner en marcha un negocio de camiones de comida: Proporciona orientación paso a paso sobre la planificación, el lanzamiento y la gestión de un negocio de camiones de comida.

Cursos y talleres:

Los centros locales de desarrollo empresarial o las cámaras de comercio pueden ofrecer talleres o cursos específicos para empresarios de food trucks.

Plataformas online como Udemy, Coursera o Skillshare pueden tener cursos sobre cómo montar un negocio de food trucks.

Publicaciones y revistas del sector:

Revista "Mobile Cuisine": Cubre noticias, tendencias y consejos para la industria de la comida móvil.

"Food Truck Operator Magazine": Ofrece ideas, estudios de casos y mejores prácticas para operadores de camiones de comida.

Creación de redes y actos comunitarios:

Asista a festivales de camiones de comida, conferencias del sector y eventos de networking para relacionarse con otros propietarios de camiones de comida y aprender de sus experiencias.

Únase a foros en línea y grupos de redes sociales para empresarios de camiones de comida para hacer preguntas, compartir ideas y obtener apoyo.

Recuerde investigar la normativa local, obtener los permisos y licencias necesarios, crear un plan de negocio sólido y desarrollar una propuesta de venta única (USP) para que su camión de comida destaque en el mercado.

Glosario de términos para la guía de negocios de camiones de comida para principiantes

Licencia comercial - Permiso oficial para operar un negocio en una zona específica.

Cocina de economato - Cocina comercial autorizada utilizada para la preparación y almacenamiento de alimentos.

Porcentaje del coste de la comida - Medida del coste de la comida en relación con el precio del menú.

Permiso sanitario - Certificación que garantiza el cumplimiento de la normativa sobre seguridad alimentaria.

Sistema de punto de venta (TPV) - Tecnología utilizada para procesar los pagos de los clientes.

Seguro de vehículos comerciales **- Seguro que cubre a los camiones de comida contra accidentes** y responsabilidades.

Branding - Creación de una identidad única para su negocio de camiones de comida.

Ingeniería de menús - Planificación estratégica de los elementos del menú para maximizar la rentabilidad.

Unidad móvil de alimentación (UMV) - Vehículo motorizado o remolcado para preparar y servir alimentos.

Catering para eventos - Prestación de servicios de comida para eventos especiales a través de un camión de comida.

Gastos de puesta en marcha - Gastos iniciales para poner en marcha un negocio de camiones de comida.

Festival de camiones de comida - Evento público en el que participan varios camiones de comida.

Gastos generales - Gastos fijos y variables, excluidos alimentos y mano de obra.

Horario de funcionamiento - Horario específico en el que su camión de comida atiende a los clientes.

Permiso de vendedor - Autorización para vender alimentos en zonas públicas.

Truck Wrap - Un diseño personalizado aplicado a un camión de comida con fines publicitarios.

Crowdfunding - Recaudación de capital inicial mediante donaciones en línea.

Proveedores mayoristas: vendedores que ofrecen descuentos por volumen en equipos y suministros.

Ventanilla de servicio - La zona donde los clientes piden y reciben la comida.

Estación de preparación - Un área designada para la preparación de alimentos.

Trampa de grasas - Equipo que captura las grasas y aceites de los residuos alimentarios.

Generador - Dispositivo portátil que suministra energía eléctrica al camión de comida.

Gestión de existencias: seguimiento de los niveles de existencias para evitar la escasez.

Flota - Grupo de camiones de comida operados por un solo propietario.

Margen de beneficios - Porcentaje de los ingresos que queda después de los gastos.

Tasas de licencia - Costes de adquisición de los permisos empresariales necesarios.

TPV móvil - Sistema portátil para tomar pedidos y procesar pagos.

Informe diario de ventas - Un resumen de las ventas e ingresos del día.

Planificación de rutas: estrategia de ubicaciones y horarios para el servicio de camiones de comida.

Flujo de trabajo en la cocina - La organización de tareas para una preparación eficiente de los alimentos.

Marketing en redes sociales: uso de plataformas como Instagram para atraer clientes.

Normas de saneamiento - Prácticas de higiene exigidas por ley para la manipulación de alimentos.

Truck Lease - Alquilar un camión de comida en lugar de comprarlo.

Datos demográficos del cliente - Características de su público objetivo.

Parque de camiones de comida - Zona designada donde operan varios camiones de comida.

Formación de empleados: enseñar al personal técnicas de seguridad alimentaria y atención al cliente.

Menú de especialidades: una selección única de alimentos que definen su marca.

Demanda estacional - Fluctuaciones del interés de los clientes en función de las estaciones.

Flujo de caja - La cantidad neta de efectivo que entra y sale de la empresa.

Embajadores de marca: clientes fieles que promocionan su empresa de boca en boca.

Estudio de mercado: recopilación de datos sobre la competencia y las preferencias de los clientes.

Food Truck Association - Grupo que ofrece recursos y defensa de los operadores.

Apertura suave - Una prueba antes del lanzamiento oficial del camión de comida.

Proceso de concesión de permisos - Pasos para obtener la autorización legal de funcionamiento.

Relaciones con los proveedores - Asociaciones con proveedores para un inventario coherente.

Tablero digital de menús: pantallas electrónicas para mostrar los alimentos.

Ordenanzas locales - Leyes de la ciudad o del condado que afectan a las operaciones de los camiones de comida.

Envases respetuosos con el medio ambiente - Envases de alimentos biodegradables o reciclables.

Fuentes de ingresos - Fuentes de ingresos como el catering o el servicio regular en la calle.

Programa de fidelización de clientes: incentivos para fomentar la repetición de visitas.

World Food Trucks

World Food Trucks en Kissimmee, Florida, es un vibrante parque de camiones de comida que ofrece una diversa gama de cocinas globales con un fuerte enfoque en los sabores latinoamericanos. Situado en 5811 W. Irlo Bronson Memorial Highway, justo enfrente de Old Town y Fun Spot, cuenta con más de 50 camiones de comida, con planes de ampliar a más de 100. Abierto todos los días desde el mediodía hasta bien entrada la noche, el parque sirve platos de Puerto Rico, México, Venezuela y otros países, a menudo con un toque único.

Los platos más populares son mofongo, empanadas, tacos y platos de fusión como arroz ahumado con carne de cerdo. El parque también ofrece un ambiente carnavalesco con postres como mini donuts, funnel cakes y helados. World Food Trucks organiza con frecuencia eventos como noches de karaoke, lo que lo convierte en un destino atractivo tanto para familias como para amantes de la comida.

Para más información, visite su sitio web oficial o explore su canal de YouTube para ver los perfiles de los camiones de comida.

https://www.worldfoodtrucks.com/

El paraíso de los food trucks

Food Trucks Heaven, en Kissimmee, Florida, es un lugar vibrante para los entusiastas de la comida y las familias. Situado detrás del mercadillo Main Gate Flea Market, en el 5403 W Irlo Bronson Memorial Highway, cuenta con una variedad de camiones de comida gourmet que ofrecen cocinas diversas, desde tacos artesanales y sándwiches cubanos hasta postres gourmet como churros y helados. El ambiente es animado, a menudo amenizado por música en directo y espectáculos para toda la familia. Los visitantes pueden disfrutar de sus comidas en las zonas al aire libre mientras se empapan del ambiente divertido y orientado a la comunidad.

Abre todos los días, normalmente de 12.00 a 22.30, y amplía su horario los fines de semana. El aparcamiento es cómodo, y el local es conocido por su ecléctica mezcla de sabores y su excelente servicio.

Para más detalles, puede visitar su sitio web oficial o llamar al (407) 305-3624

https://foodtrucksheaven.com/

Conclusión

Embarcarse en el negocio de los food trucks es una empresa emocionante y gratificante, que combina la creatividad culinaria con el espíritu emprendedor. A lo largo de este libro, hemos explorado cada paso crítico necesario para establecer, gestionar y hacer crecer una operación exitosa de camiones de comida. Desde la comprensión del mercado objetivo y la elaboración del menú perfecto hasta la gestión de las licencias, las normativas sanitarias y la competencia, esta guía se ha diseñado para dotarle de conocimientos prácticos e ideas prácticas.

El sector de los food trucks ofrece infinitas oportunidades de innovación y expresión personal. Sin embargo, el éxito requiere algo más que pasión por la cocina; exige planificación estratégica, adaptabilidad y voluntad de aprender. A medida que avance, aproveche los recursos, consejos y estrategias que se describen en estos capítulos para superar los retos y destacar en un mercado competitivo.

Recuerde que su camión de comida es más que un negocio: es una representación de su marca, su visión y su amor por compartir buena comida. Con dedicación y el enfoque adecuado, tu food truck puede convertirse no solo en una fuente de ingresos, sino en un centro móvil para la comunidad, la conexión y el deleite culinario.

El camino por delante puede tener sus retos, pero las recompensas merecen la pena. Dé el primer paso, comprométase con sus objetivos y deje que comience su viaje en food truck. Las posibilidades son infinitas y el éxito está a la vuelta de la esquina.

Por último, si le ha gustado este libro, tómese su tiempo para compartir su opinión y publicar una reseña en Amazon. Se lo agradeceremos mucho.

Muchas gracias,

Brian Mahoney

También te puede interesar:

Cómo conseguir dinero para crear una pequeña empresa:
Cómo conseguir grandes cantidades de dinero mediante crowdfunding, subvenciones y préstamos públicos

Por Ramsey Colwell

Por Ramsey Colwell

www.ingramcontent.com/pod-product-compliance
Lightning Source LLC
LaVergne TN
LVHW012035060526
838201LV00061B/4617